BEI GRIN MACHT SICH IHR WISSEN BEZAHLT

Bibliografische Information der Deutschen Nationalbibliothek:

Die Deutsche Bibliothek verzeichnet diese Publikation in der Deutschen National-
bibliografie; detaillierte bibliografische Daten sind im Internet über http://dnb.d-
nb.de/ abrufbar.

Impressum:

Copyright © 2006 GRIN Verlag, Open Publishing GmbH
Druck und Bindung: Books on Demand GmbH, Norderstedt Germany
ISBN: 978-3-668-13780-6

Dieses Buch bei GRIN:

http://www.grin.com/de/e-book/277677/grundlagen-der-it-praxis

Nikolay Tyurin

Grundlagen der IT-Praxis

Einführung in den ITIL Ansatz (Information Technology Infrastructure Library) und Zielsetzungen des SLM (Service Level Management)

GRIN Verlag

GRIN - Your knowledge has value

Der GRIN Verlag publiziert seit 1998 wissenschaftliche Arbeiten von Studenten, Hochschullehrern und anderen Akademikern als eBook und gedrucktes Buch. Die Verlagswebsite www.grin.com ist die ideale Plattform zur Veröffentlichung von Hausarbeiten, Abschlussarbeiten, wissenschaftlichen Aufsätzen, Dissertationen und Fachbüchern.

Besuchen Sie uns im Internet:

http://www.grin.com/

http://www.facebook.com/grincom

http://www.twitter.com/grin_com

Grundlagen der IT-Praxis.

Einführung in den ITIL Ansatz (Information Technology Infrastructure Library) und Zielsetzungen des SLM (Service Level Management)

von

Nikolay Tyurin

Inhaltsverzeichnis

Abkürzungsverzeichnis 3

Abbildungsverzeichnis 5

Tabellenverzeichnis... 6

Einleitung 7

Grundlagen 9
1.1   Generelles Prinzip in der ITIL..10
1.2   ITIL Grundbegriffe...11
        1.2.1   Prozess...11
        1.2.2   Service..11
        1.2.3   Rollen und Aktivitäten 12
        1.2.4   Best Practices...12
        1.2.5   Key Performance Indikators 12
1.3   ITIL Struktur...12
        1.3.1   Business Perspective 13
        1.3.2   Planning to Implement Service Management...................13
        1.3.3   Applikations Management 13
        1.3.4   ICT Infrastrukture Management......................................13
        1.3.5   Security Management...13
        1.3.6   Service Support 13
        1.3.7   Service Delivery...14
1.4   Service Management 15
1.5   Zielsetzung des SLM...16
1.6   SLM Prozess...17
        1.6.1   Rollen und Aktivitäten 18
        1.6.2   SLM Prozesseinführung 20
        1.6.3   Messung und Steuerung...21
1.7   SLM Objekte 22
        1.7.1   Service Anforderungen 24
        1.7.2   Service Spezifikation 24
        1.7.3   Service Quality Plan 24
        1.7.4   Service Katalog 25
        1.7.5   SLA, OLA, UC 25
        1.7.6   Service Reports 27
        1.7.7   Service Achivement..28
        1.7.8   Service Optimierungsprogramm......................................28
1.8   SLM Einbettung unter der ITIL...28
        1.8.1   SLM Beziehungen 29
        1.8.2   SLM Kommunikation in einer ITIL Umgebung...................31

Quellenverzeichnis (inklusive weiterführender Literatur)..............34

Abkürzungsverzeichnis

ASP	Application Service Provider
ATP	Available To Promise
BDE	Betriebsdatenerfassung
BI	Business Intelligence
BSC	Balanced Score Card
CAB	Change Advisory Board
CAM	Computer Aided Manufacturing
CI	Change Items
CIP	Central Information Process
CMDB	Change Management Datenbank
DB	Datenbank
DHS	Defined Hardware Library
DL	Dienstleistung
DSL	Defined Software Library
DV	Datenverarbeitung
EAI	Enterprise Application Integration
ETL	Extrahieren Transformieren Laden
Fibu	Finanzbuchhaltung
FSC	Forward Schedule of Changes
GP	Geschäftsprozess
ISP	Internet Service Provider
ISP	Internet Service Provider
IT	Information Technology
IT DL	IT Dienstleistung
ITIL	Information Technology Infrastructure Library
itSMF	Information Technology Service Management Forum
KLR	Kosten Leistung Rechnung
KPI	Key Performance Indikator
KSP	Kunden Service Provider
KSP	Kunden Service Provider
OLA	Operation Level Agreement
OLR	Operational Level Requirements
PD	Prozessdept
PIR	Post Implementation Review
RfC	Request for Change
SAP	System Application Produkte
SDT	Service Delivery Team

SLA	Service Level Agreement
SLM	Service Level Management
SLR	Service Level Requirement
SM	Service Management
SMF	Service Management Forum
SPOC	Single Point of Contact
UC	Underpinning Contract
UCR	Underpinning Contract Requirements

Abbildungsverzeichnis

Abbildung 1: Wirkungskette von dem itSMF bis zu Geschäftsprozessen 10
Abbildung 2: Generelles Prinzip der ITIL 10
Abbildung 3: Das generische ITIL Prozessmodell 11
Abbildung 4: Das ITIL Framework 13
Abbildung 5: Service Support Prozesse 14
Abbildung 6: Service Delivery Prozesse 15
Abbildung 7: Service Cycle des Service Managements 16
Abbildung 8: SLM Prozess Phasen 18
Abbildung 9: SLM Rollen, Aktivitäten, Phasen 20
Abbildung 10: SLM Prozesseinführung 21
Abbildung 11: SLM Prozessmessung 22
Abbildung 12: SLM Prozess und seine Objekte 23
Abbildung 13: Grundregel der SLA, OLA und UC Definition 24
Abbildung 14: Operating Level Katalog 25
Abbildung 15: Vertragliche Beziehungen in dem SLM Prozess 26
Abbildung 16: Automatismus bei der SLM Vertragserstellung 27
Abbildung 17: SLM Einbettung 29
Abbildung 18: SLM Datenflüsse 31

Tabellenverzeichnis

Tabelle 1: SLM Erfolg 17
Tabelle 2: SLA Objektzuordnung: Rolle, Phase, Aktivität 24
Tabelle 3: SLM Prozess Inputs und Outputs in einer ITIL Umgebung..........................33

Einleitung

Die folgende Aussage von Henry Ford passt bestens in den Kontext, warum diese Arbeit entwickelt werden musste: „Erfolg besteht darin, dass man genau die Fähigkeiten besitzt, die im Moment gefragt sind". Spricht man über die IT, lässt sich diese Aussage folgendermaßen interpretieren: Der IT Erfolg besteht darin, dass man genau solche IT Services liefert, die im Moment gefragt sind. Der IT Weg zu diesem Erfolg führt über das SLM.

Die Wirtschaft fordert von der IT sämtliche GP als dynamische Modelle auf der IT Ebene abzubilden, um ihre Komplexität beherrschen zu können. Dabei gilt es: Je tiefer die GP Integration geht, desto stärker expandieren die IT Lösungen. Diese Komplexität lässt sich schon aus dem etablierten V-Modell[1] der IT Systementwicklung erkennen. Dies führte dazu, dass die IT zu einer selbständigen Unternehmenseinheit ausgegliedert werden musste. Es machte die IT Aktivitäten transparenter. Die Komplexität des IT Einsatzes zusammen mit dem Wirtschaftlichkeitsansatz forderten die Entwicklung von neuen Referenzprozessen in der IT. Dabei entstand ein Bedarf die neuen Referenzprozesse zu strukturieren und mehrere Prozessschnittstellen einzuführen. Es kann dabei um mehrere parallele IT Prozesse mit eigenen Zielen gehen, die aber insgesamt einem einzigen Hauptziel untergeordnet sind: dem sicheren und möglichst wirtschaftlichen GP Support.

Für eine möglichst optimale GP und SM Unterstützung entwickelte man den ITIL Ansatz, der zuerst als Norm BS15000/ ISO 20000 etabliert wurde. Die IT wird dabei als Servicedienstleister angesehen. Der ITIL Ansatz lässt alle IT Service Prozesse einheitlich und wirtschaftlich organisieren und managen. Wie bei jeder Serviceerbringung ist es auch in der IT von großer Bedeutung, dass jede gelieferte Leistung den gesamten Kundenbedarf in Übereinstimmung mit seinen Preis- und Leistungsvorstellungen befriedigt. An dieser Stelle muss in jedem einzelnen Fall das Six Sigma[2] Qualitätsproblem gelöst werden. So spricht man von einer angemessenen IT Servicequalität. Der ITIL Ansatz besagt, dass eine optimale Konfiguration und Steuerung von IT Services eine direkte SLM Aufgabe ist. Aus diesem Grund spielt das SLM eine der Schlüsselrollen für den IT Erfolg und wird zu einem der zentralen IT SM Themen.

So wird es von der IT erwartet, dass sie eine sinnvolle IT Servicequalität zu vernünftigen Preisen liefert. Das SLM macht es möglich. Es gestaltet die IT Serviceerbringung als eine ‚end-to-end' Logistikkette des IT Service Geschäfts, die über eigene SCM- und CRM-Bereiche verfügt. Die ITIL führt dabei zu einer maximalen Optimierung bei jeder

---

[1] Mid2005, Küf2004
[2] ISO9000

Serviceerstellung und Lieferung. Sie schlägt aber nur ihre generischen IT Strukturen vor und sagt nicht direkt, wie man die nötige Prozesskompetenz gewinnt. Aufgrund der Höhe ihrer Abstraktionsebene steuert die ITIL mit ihren eigenen Mitteln unter anderen auch das SLM Prozess. Unter diesen Mitteln werden SLA, OLA und UC als zentrale Instrumente genannt. Sie regeln es vertraglich und nachweisbar, dass die IT Kunden ihre gewünschten IT Services in Übereinstimmung mit ihren Anforderungen geliefert bekommen. Dabei ist es wichtig, dass das SLM durch diese Verträge über alle wichtigen Informationen für die SLM Prozessgestaltung verfügt. Die ITIL nennt dabei nur ihre IT Prozesse und besagt nicht, wie man diese vertraglich optimal sicherstellen kann. So bedarf die IT Praxis einer Grundlage, mit der die IT Serviceverträge in einer ITIL Umgebung saubere IT Servicelieferung gewährleisten können.

Grundlagen

Die ITIL ist als ein Best Practice Framework für Definition und Betrieb von IT Infrastrukturen bekannt. Indirekt beschreibt sie alle Prozesse, die einen effizienten und effektiven Betrieb sämtlicher IT Infrastrukturen ermöglichen. Der ITIL Ansatz ist serviceorientiert. Sie hat zum Ziel die Gewährleistung einer sicheren IT Unterstützung für alle DV Verfahren des IT SMs. So wird angestrebt, die IT Kunden ausreichend zufrieden zu stellen. Die verwendeten IT Technologien spielen dabei nicht unbedingt die wichtigste Rolle. Hauptziel ist , dass die bestellten und die gelieferten IT Serviceleistungen in ihren Umfang und Qualität übereinstimmen. Wichtiges Merkmal der ITIL besteht darin, das sie nur die IT Referenzinfrastrukturen nennt und keine Umsetzungswege zeigt und die generischen IT Infrastrukturprozesse indirekt erklärt. Diese indirekte ITIL Vorgehensweise lässt sich in jedem konkreten Fall der IT Praxis so umsetzen, so das die ITIL optimal eine konkrete IT Organisation unterstützen kann. Eben dieses Merkmal machte sie zu einer der erfolgreichsten IT Normen. Die erfolgreichsten Fälle des IT Einsatzes erweitern kontinuierlich die ITIL Grenzen, was für die IT in der Praxis von besonderem Interesse ist. Diese IT Erfolgsfälle werden zu den Best Practices ernannt. Die ITIL bildet dabei ein Rahmenkonzept, welches durch die IT Best Practices konsequent erweitert wird und die für das IT SM allgemein zur Verfügung stehen. In den letzten Jahren trug die ITIL mit ihrer starken Verbreitung in IT Abteilungen dazu bei, dass sich unter IT Verantwortlichen ein Bewusstsein und eine gemeinsame Terminologie für das IT SM herausgebildet hat[3]. Das gemeinsame Verständnis erleichtert die Kommunikation zwischen IT Abteilungen sowohl innerhalb eines konkreten Unternehmens als auch unternehmensübergreifend. Mit den folgenden Schwerpunkten setzt sich die ITIL als allgemeiner IT Management Ansatz durch:

- IT Service Qualität wird messbar,

- IT Serviceerbringung wird zu einer steuerbaren Prozesskette,

- IT Service Prozessabläufe werden durchgängig und konsistent,

- IT SM wird mit einer einheitlichen ITIL Standardterminologie unterstützt,

- die Kommunikationswege zwischen IT SM und GP Owners werden wesentlich verbessert,

- höhere Kundenzufriedenheit durch Steuerung der Erwartungshaltung.

---

[3] Mat2004

ITIL bildet die Arbeitsgrundlage der international tätigen Benutzergruppe IT SM Forum (itSMF)[4]. Als zentrales Ziel dieser Zusammenarbeit versteht sich die Ausarbeitung der Best Practices für eine optimale GP Unterstützung von der IT Seite. Die nächste Abbildung stellt diesen Zusammenhang dar.

Abbildung 1: Wirkungskette von dem itSMF bis zu Geschäftsprozessen[5]

So erarbeitet das itSMF verschiedene ITIL Referenzmodelle für eine standardisierte und vollständige Beschreibung des IT SMs als ITIL Framework. Basierend auf dem frameworkorientierten ITIL Referenzmodell wird die IT Leistung dort gesteuert, wo es sinnvoll und nötig ist. Als sinnvoll versteht sich eine Leistungsmessung nur dort, wo solche Leistung beeinflussbar ist. Eine GP konforme Einstellung von IT Services gewährleistet eine optimale IT Serviceerbringung. So trägt die ITIL zu sicheren GP Abläufen mit der Unterstützung von diversen DV Verfahren durch eine maßgefertigte IT Serviceerbringung bei.

1.1 Generelles Prinzip in der ITIL

Als Prototyp für das ITIL Prinzip dient das Qualitätsrad bzw. der Qualitätskreis von Deming[6]. In der ITIL wird der Deming Qualitätskreis an die IT Service Welt angepasst und als ihr generelles Prinzip „Monitor-Control-Loop" umformuliert. Die nächste Abbildung zeigt die Entstehung des Monitor-Control-Loops aus dem Deming Qualitätsrad.

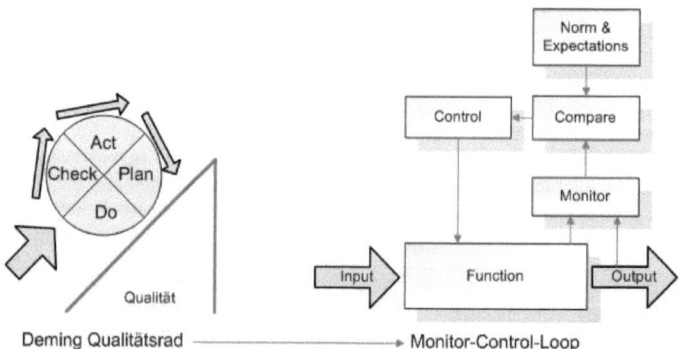

Abbildung 2: Generelles Prinzip der ITIL[7]

Der Prozess des Deming Qualitätsrades beginnt mit dem Zyklus „Plan". In diesem Planzyklus prüft man den Sachstand auf Verbesserungspotentiale und entwickelt einen Plan zur Qualitätsverbesserung. Bei der Betrachtung von den Schwachstellen und Verbesserungspotentialen werden meist die prozessverbessernden Maßnahmen ermittelt. Diese Maßnahmen setzt man in dem weiteren Zyklus ‚Do' um. Nach dem prozessverändernden Zyklus ‚Do' wird es in dem Zyklus ‚Check' überprüft, ob die

---

[4] Per2000, 2
[5] Sag2005, S. 15
[6] Köh2005, S. 1-3
[7] OCG2002

Veränderungen in Bezug auf die im Planzyklus definierten Ziele positiv verlaufen und wie diese zu bewerten sind. In dem Zyklus ‚Act' werden Maßnahmen zur Korrektur aller festgestellten Abweichungen, Planänderungen oder Verbesserungen im Qualitätsmanagementsystem durchgeführt, um die vorher definierten Ziele zu erreichen. Wird das Qualitätsrad so weitergedreht, so werden die Prozesse kontinuierlich verbessert. Das Deming Qualitätsrad ist selber ein zyklischer Prozess.

Die Monitor-Control-Loop Schritte entsprechen den Zyklen des Qualitätsrades. Dabei wird dieser Monitor-Control-Loop auf jeden ITIL Prozess angewendet. Dieses Prinzip ist in der ITIL grundlegend und wird in dieser Arbeit durchgehend berücksichtigt.

1.2   ITIL Grundbegriffe

Die begriffliche Einheitlichkeit der ITIL gehört zu ihren erfolgssichernden Durchsetzungsfaktoren. Aus diesem Grund ist es wichtig gleich am Anfang der Arbeit die wichtigsten Begriffe zu klären und sich an diese Definitionen zu halten. Es erfordert einen nicht ganz unerheblichen Leseraufwand, ist aber für das adäquate Verständnis der ganzen Arbeit sehr wichtig. Unter zentralen Begriffen fallen hier solche wie Prozess, Service, Rollen und Aktivitäten, Best Practices, Key Performance Indikatoren. Mit diesen Begriffen wird hier der prozessorientierte SLM Ansatz beschrieben. Dieser Ansatz wird auch als Kern der ITIL bezeichnet[8].

1.2.1   Prozess

Ein Prozess ist eine logisch zusammenhängende Reihe von Aktivitäten zur Erreichung eines vorab definierten Ziels. Jeder Prozess wird durch seinen Anfang und sein Ergebnis definiert. Mehrere Steuerungsgrößen können einzelne Prozesse beeinflussen. Als Steuerungsgrößen können sowohl Prozessparameter als auch weitere Prozesse auftreten. Die ITIL Prozesse werden durch die SLAs, OLAs und UCs dimensioniert. Die nächste Abbildung stellt die Definition eines Prozesses nach dem generischen ITIL Prozessmodell dar.

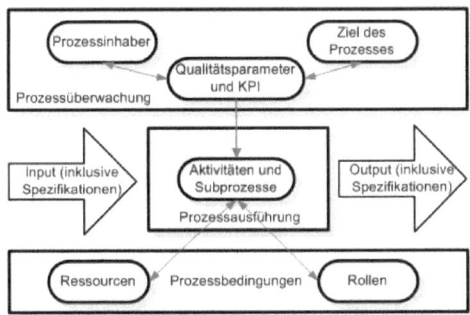

Abbildung 3: Das generische ITIL Prozessmodell[9]

1.2.2   Service

Ein Service ist eine definierte Aufgabe, wie z.B. eine Dienstleistung, die erforderlich ist, um einen bestimmten GP durchführen oder am Leben erhalten zu können. Die Anforderungen an

[8] Köh2005, S. 20 - 28
[9] itSMF2004, S. 31

die Qualität und Quantität einer bestimmten Dienstleistung werden unter der ITIL als Service Level bezeichnet. Die einem Level zugeordneten Dienstleistungen müssen messbar sein. Die aktuellen und künftigen speziellen Anforderungen an einen Service bzw. einen zugrunde liegenden GP oder eine Infrastruktur werden unter ITIL innerhalb eines SLAs erfasst.

1.2.3 Rollen und Aktivitäten

Wird unter der ITIL ein Prozess definiert, so werden diesem Prozess gleich ein oder mehrere Prozessausführende und Prozessverantwortliche zugeordnet. Diese werden als Rollen bezeichnet. Bei der Einführung von den ITIL Prozessen in einer Firma muss ein Ist-Zustand ermittelt werden, der innerhalb einer Betriebsführungsmatrix (Rollen, Aufgaben, Verantwortungen) zusammengefügt wird. Danach wird ermittelt, welche Verantwortlichkeit unter den ITIL Prozessen erneut zugeordnet wird. Jede Rolle hat ihren Prozessaufgabenkreis. Die Erfüllung von jeder Aufgabe wird als eine Aktivität bezeichnet.

1.2.4 Best Practices

„Best Practice" bedeutet, dass man sich an einem allgemein anerkannten und gelebten Standard orientiert, welcher die maximalen Vorteile in sich vereinigt. Als Grund für das Adaptieren einer „Best Practice" kann man somit die Gewissheit einer ausgereiften Vorgehensweise nennen.

1.2.5 Key Performance Indikators

Unter dem Begriff Key Performance Indikators (KPI) versteht man unter der ITIL sämtliche aussagekräftige Kennzahlen im direkten Bezug zu einem der ITIL Prozesse. Die Zuordnung einer Kennzahl zu einem spezifischen Attribut in diesem ITIL Prozess charakterisiert dessen Leistungsfähigkeit.

1.3 ITIL Struktur

Die ITIL hat einen strukturierten Aufbau und besteht derzeit aus sieben ITIL Büchern. Jedes Buch enthält einen Satz von seinen IT Modulen, die wiederum ihre spezifischen Prozesse enthalten. Mittlerweile sind mehr als zwanzig unterschiedliche ITIL Prozesse bekannt, die einen Weg beschreiben, um ein effektives IT SM durchführen zu können. Diese ITIL Bereiche dienen der Sicherstellung von qualifizierten und kosteneffektiven IT Dienstleistungen, welche die GPs eines Unternehmens wirkungsvoll unterstützen. Die Nächste Abbildung stellt die Struktur der ITIL Bereiche dar.

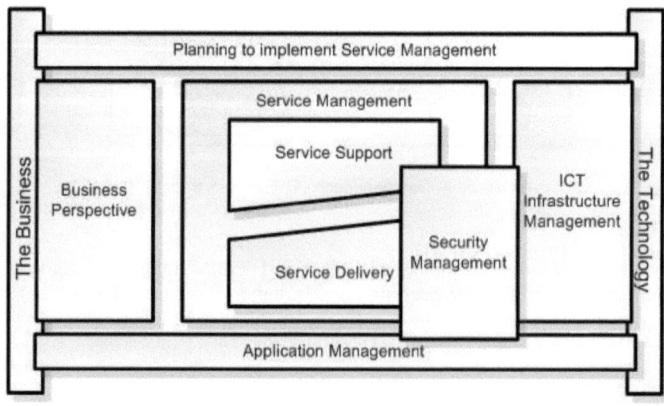

Die Bereiche des SMs Service Support und Service Delivery werden als ITIL Basis bezeichnet. Die übrigen beschreiben „ergänzende Themen aus dem Bereich IT Management"[11]. Im Weiteren werden die ITIL Hauptbereiche im Überblick nach itSMF und Köhler[12] dargestellt.

1.3.1 Business Perspective

Der Bereich Business Perspective beschäftigt sich mit dem IT Service aus der Sicht der Geschäftsleitung. Dazu gehören solche Fragen wie Outsourcing von IT Dienstleistungen oder Business Continuity Management.

1.3.2 Planning to Implement Service Management

Der Bereich Planning to Implement Service Management befasst sich mit der Planung, Einführung und fortlaufenden Verbesserung der ITIL Prozesse. Wichtig dabei ist es, dass die Ist- und Soll-Zustände sauber definiert werden und eine laufende Analyse und Überprüfung der KPIs vorhanden ist.

1.3.3 Applikations Management

Der Bereich Applications Management beschäftigt sich mit dem Planen, Entwickeln, Testen, Implementieren und Außerbetriebnehmen von in einem Unternehmen eingesetzten Applikationsprogrammen. Über den gesamten Lebenszyklus einer Applikation wird es versucht, ein für das Unternehmen sinnvolles Management dieser geschäftsprozessabbildenden Programme durchzuführen. Definierte Standards zur Abnahme, Veränderung und Test runden das Tätigkeitsprofil des Applications Managements ab.

1.3.4 ICT Infrastrukture Management

Das Bereich ICT Infrastructure Management befasst sich mit allen Aspekten der IT Infrastruktur und deren Überwachung. Dabei werden sowohl zentral als auch dezentral eingesetzte IT Verfahren geplant und überwacht.

1.3.5 Security Management

Der Bereich Security Management befasst sich mit der Definition einer Firmen Security Policy, Aufstellung eines Security Plans mit allen Maßnahmen zur Datensicherheit (Vertraulichkeit, Integrität und Verfügbarkeit von firmeninternen Daten) einer Firma. Dieser Bereich führt die Analyse und Klassifizierung von den IT Risiken durch, die durch erfolgte und evtl. mögliche Angriffe z.B. durch Softwareviren oder Hacker eintreten können. Nach der erfolgten Analyse werden entsprechende Maßnahmen eingesetzt oder neu eingeführt. Security Management verfolgt, identifiziert und steuert gegen IT Sicherheitsrisiken im Ursprung.

1.3.6 Service Support

Zusammen mit dem Service Delivery bildet dieser Bereich die Basis des SMs nach der ITIL. Der Service Support soll nach der ITIL Philosophie für die Nutzer eines DV Verfahrens zentral von einer Stelle abrufbar sein. Die Realisierung erfolgt meist über die Customer Help Desk Funktion. Häufig wird Customer Help Desk auch als SPOC bezeichnet. Der Benutzersupport erfolgt teilweise über den Incident Management Prozess (reaktives

---

[10] OGC2000
[11] itSMF2004
[12] Köh2005, S. 39 - 42

Problemmanagement) und teilweise über den Problem Management Prozess (proaktives Problemmanagement). Die Change- und Release Management Prozesse versuchen idealerweise gegen alle möglichen Probleme vorzubeugen, bevor diese auftreten. Wünschenswert soll es bereits in der Testphase für alle SW Updates oder Installationen passieren. Configuration Management erfasst und beschreibt alle Komponenten eines DV Verfahrens. Es lässt somit die anderen Service Support Prozesse maximal effizient durchführen. Die nächste Abbildung zeigt, wie die Service Support Prozesse zwischen IT Kunden und der IT Infrastuktur ihre Daten austauschen. Für das Verständnis des Aufbaus der SLM Definitionsschemata und deren Rückkopplung mit dem SLM Prozess ist dieser Zusammenhang sehr wichtig.

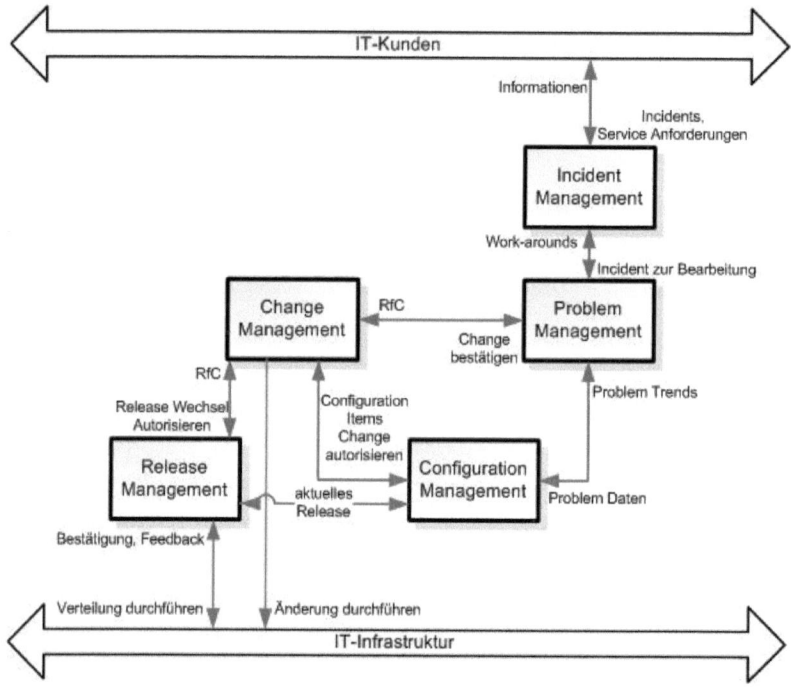

Abbildung 5: Service Support Prozesse[13]

1.3.7 Service Delivery

Der Service Support soll nach der ITIL Philosophie für die Nutzer eines DV Verfahrens eine auf die Kundenanforderungen abgestimmte Leistung zur Verfügung stellen. Diese Leistungen zu spezifizieren ist die Aufgabe des Service Level Managements.[14] Das Financial Management sorgt für leistungsgerechte Verrechnungen der IT Services. Das Continuity Management befasst sich mit möglichem Notfallvorgehen, um die GPs bei evtl. DV Verfahrensausfällen geschäftsfähig erhalten zu können. Das Availability Management versucht die Verfügbarkeit aller DV Verfahren zu erhöhen und ihre evtl. möglichen

---

[13] Mas2005
[14] Köh2005, S. 47 - 53

Ausfallzeiten zu verkürzen. Das Capacity Management beschäftigt sich damit, die Anforderungen bezüglich Auslastung und Antwortzeit bzw. Transaktionszeitverhalten der Nutzerbedürfnissen eines DV Verfahrens gerecht zu machen. Das Service Level Management stellt sicher, dass die Anforderungen des Nutzers eines DV Verfahrens rechtzeitig vereinbart und in Übereinstimmung mit diesen Vereinbarungen nachweisbar erfüllt werden können. Die nächste Abbildung stellt dieses Zusammenwirken in der Service Delivery dar. Für das Verständnis des Aufbaus der SLM Definitionsschemata und deren Rückkopplung mit dem SLM Prozess ist dieser Zusammenhang sehr wichtig.

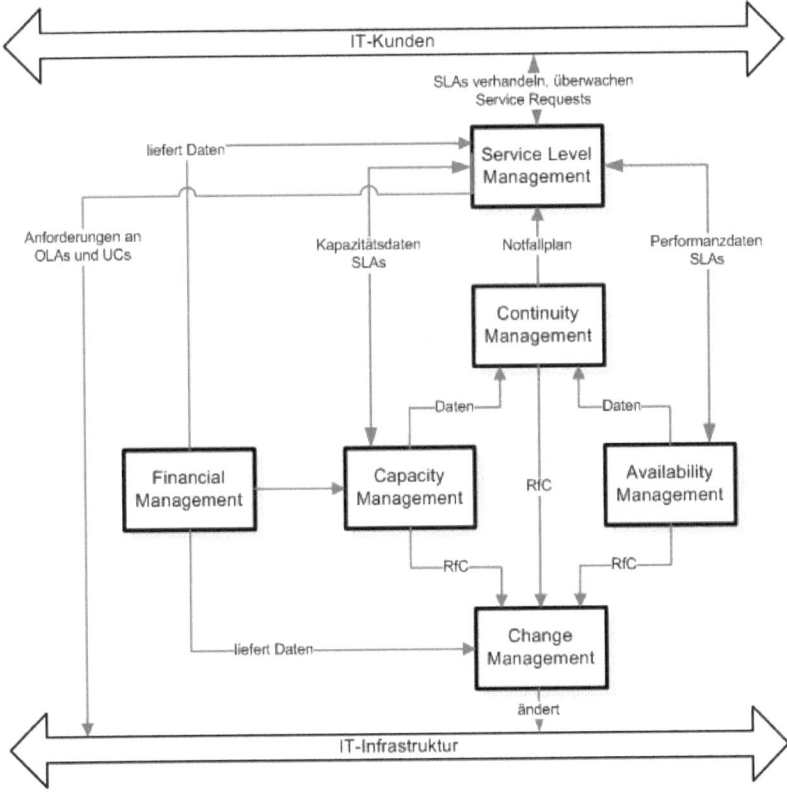

Abbildung 6: Service Delivery Prozesse[15]

1.4   Service Management

In dem Service Management wird der Deming Qualitätsradansatz aktiv benutzt. Dieses Prinzip ist für seine Ablauforganisation grundlegend und läuft zyklisch. Jeder Schritt in diesem Zyklus bildet eine modularisierte Systemfunktion der IT Service Organisation. Dieser Zusammenhang wird in der nächsten Abbildung dargestellt.

---

[15] Mas2005

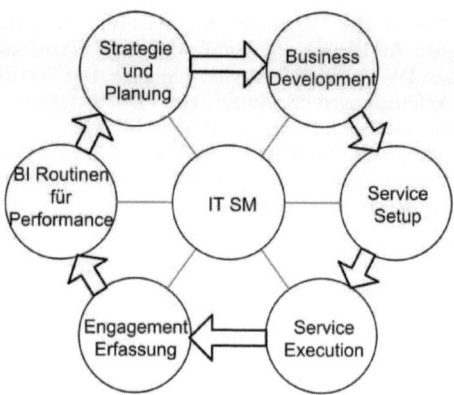

Abbildung 7: Service Cycle des Service Managements[16]

Die einzelnen Schritte des Service Cycles werden in Übereinstimmung mit ihrer Ablaufreihenfolge im Weiteren erklärt.

1. Strategie und Planung. Aktivitäten: Portfolio Erstellung bzw. Pflege, Serviceanalyse und Priorisieren des Service Angebotes für Kunden, Budgetierung und PRINCE2[17] Planung.

2. Business Development. Aktivitäten: Service Marketing und Service Verkauf, Service Design und Service Preiskalkulation, Angeboterstellung.

3. Service Setup. Aktivitäten: SLA Vertragvereinbarung, Aufbau von Projektstrukturen für Kundenprojekte, Identifizierung und Zuordnung von Ressourcen zu Kundenprojekten, Projektsteuerung.

4. Service Execution. Aktivitäten: Lieferung und Unterstützung der IT Dienstleistungen in einem vereinbarten Umfang.

5. Engagement Erfassung. Aktivitäten: Kostenerfassung von internen und externen Aufwänden, Accounting für Kundenprojekte und Services, Rechnungerstellung und Ausziffern.

6. BI (Business Intelligence) Routinen für Erfolgs- und Performancemessung. Aktivitäten: Extrahieren und Transformation der Daten zur Auswertung von der Kundenprofitabilität, Analyse der operationalen Effizienz, Analyse des eigenen Knowledgemanagements usw.

1.5 Zielsetzung des SLM

Generelle Zielsetzung des SLMs ist der SLM Erfolg. Dieser Erfolg wird allgemein als eine optimale Erfüllung der Kundenerwartungen im Rahmen von vereinbarten IT Services definiert.[18]. Alle Vereinbarungen werden dabei durch die SLAs dokumentiert und gelten als verbindlich. Diese Vorgehensweise setzt voraus, dass die von Kunden bestellten IT Services und die entsprechenden IT Leistungen eines IT Dienstleisters in ihrer Qualität gemessen und

---

[16] Sir2005
[17] Köh2006
[18] Köh2005, S 129

mit spezifischen Größen nachgewiesen werden. Die optimale IT Service Zusammenstellung und Qualitätskontrolle über dem ganzen IT Service Lebenszyklus ist ebenfalls das SLM Ziel. Der SLM Erfolg ist ein komplexes Merkmal, das auf einer hohen Ebene seine Aussage über die gelieferten IT Services trifft. Dieses Merkmal kann in dem ITIL Kontext durch den folgenden Quotienten ausgedrückt werden:

SLM Erfolg = (IT Service in der vereinbarten Kundenvorstellung) / (gelieferte IT Service) * 100.

SLM Erfolg	Bedeutung
(IT Service in der vereinbarten Kundenvorstellung) = (gelieferter IT Service)	SUCCESS
(IT Service in der vereinbarten Kundenvorstellung) > (gelieferter IT Service)	DANGER
(IT Service in der vereinbarten Kundenvorstellung) < (gelieferter IT Service)	ATTENTION

Tabelle 1: SLM Erfolg

Die Bedeutung des SLM Erfolgswertes lässt sich folgendermaßen interpretieren:

- SUCCESS: SLM Erfolg ist 100%. Die IT Service Lieferung war optimal. In diesem Fall kann man die Erfahrung mit dem betroffenen IT Service als Best Practices im Unternehmen bezeichnen. Die Spezifikation von diesem IT Service samt allen untergeordneten Subservices (externe und interne Vereinbarungen, Setup Parameter) können evtl. auch als Referenzbasis wieder verwendet werden.

- DANGER: SLM Erfolg ist weniger als 100%. Die IT Service Lieferung war mangelhaft. In diesem Fall soll die Root Cause Analyse[19] für den betroffenen IT Service sofort angestoßen werden. Wird der Fall unterschätzt, so startet an dieser Stelle die Service (bzw. Business) Loss Chain[20]. Als Ergebnis der Root Cause Analyse ergibt sich ein Verfahren zur Eliminierung von sämtlichen Auslösern der Service Loss Chain.

- ATTENTION: SLM Erfolg ist größer als 100%. Die IT Service Lieferung war ohne Mängel aber mit einem zu hohen Aufwand verbunden. Dies ist nicht optimal. In diesem Fall soll die Wirtschaftlichkeit des gelieferten IT Services überprüft werden. Der betroffene IT Service gilt dann als optimierungsbedürftig. Die Ursachen dieser Situation müssen mittels der Root Cause Analyse lokalisiert werden. Eine Optimierung der Wirtschaftlichkeit bei der IT Servicelieferung ist erforderlich.

1.6 SLM Prozess

Der SLM Prozess läuft zyklisch nach dem Service Management Kreis Prinzip[21]. Dieser Prozess besteht aus vier Phasen[22]:

---

[19] ABS1999
[20] Ang2005, S. 43
[21] Hier: Ablauf des Service Managements
[22] Gau2005, Köh2005, S. 131

1. Development. Aufgabe: Kundenanforderungen ermitteln und als IT Service Spezifikation interpretieren.

2. Negotiating. Aufgabe: IT Service Spezifikation und Verbindlichkeiten mit Kunden und IT Subservicelieferanten vertraglich regeln.

3. Reporting. Aufgabe: Periodisches Überwachen eines gelieferten IT Services.

4. Service Improvement. Aufgabe: Periodische Verbesserung der Servicequalität und Optimierung der IT Servicelieferung.

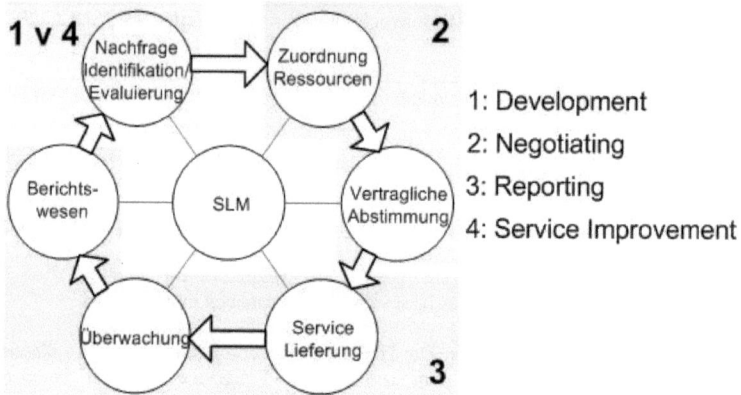

Abbildung 8: SLM Prozess Phasen

In dem ersten IT Service Qualität Cycle wird mit der Development und Negotiating angefangen. Bei jedem weiteren IT Service Qualität Cycle verläuft der SLM Prozess nur über die Reporting und Service Improvement Phasen. So geht es während des ganzen IT Service Lebenszyklus weiter.

1.6.1 Rollen und Aktivitäten

Der SLM Prozess kennt folgende Rollen[23]: Prozessowner, Service Delivery Team, SLA Team, Prozessdept, IT Kunde. Der IT Kunde kauft die kompletten IT Services bei der IT Organisation.

- Der Prozessowner ist für die Prozessauslösung zuständig. Er tritt in direkten Kontakt mit den IT Kunden ein. Mit Unterstützung seitens des Service Delivery Teams führt er die Kundenverhandlungen über die gewünschten IT Services. Er gibt die Kundenanforderungen zu einem gewünschten IT Service an das Service Delivery Team weiter und bekommt von denen einen SLA Entwurf zurück. Im Weiteren verhandelt er mit den Kunden, ob dieser SLA Entwurf zu einem SLA werden kann. Evtl. Änderungswünsche werden dabei wieder an das Service Delivery Team weitergeleitet. So geht es im Kreis, bis ein endgültiger SLA Entwurf von der Kundenseite als ein SLA akzeptiert wird. Ab diesem Zeitpunkt wird es für die IT Service Organisation und IT Kunden verbindlich die SLA Vereinbarungen einzuhalten.

---

[23] Kau2005l

- Das Service Delivery Team beschäftigt sich mit der IT Service Lieferung in allen Phasen des SLM Prozesses. Seine Aufgaben bestehen im Folgenden:

  1. Interpretation des Kundenwunsches bis auf einem lieferbaren IT Service und erforderlichen Subservices

  2. Unterstützung des Prozessowners bei seinen Kundenverhandlungen in allen SLA Fragen

  3. Sicherstellen der SLA Einhaltung bei der IT Service Lieferung

  4. IT Service Reporting

  5. Serviceverbesserung und Optimierung

  6. Serviceüberwachung.

- Das SLA Team beschäftigt sich mit sämtlichen analytischen Fragestellungen des SLM Prozesses. Seine Aufgaben bestehen im Folgenden:

  1. SLA-, OLA und UC-Entwurf erstellen

  2. Dokumentenworkflow und Überwachung der Verbindlichkeiten für jede involvierte Partei in der ganzen ,end-to-end' Kette der IT Service Erstellung

  3. Anpassung des Berichtwesens an die SLA Anforderungen

  4. Mehrstufiger IT Servicereporting (SLA-, OLA-, UC- Berichte) und KPI Analyse des gelieferten IT Services.

- Prozessdept beschäftigt sich mit der Analyse der Zusammensetzung eines IT Services, die das Service Delivery Team als IT Service Spezifikation liefert. Er definiert allgemein den Prozess der IT Service Erstellung.

Die nächste Abbildung stellt den SLM Prozess mit seinen Rollen dar.

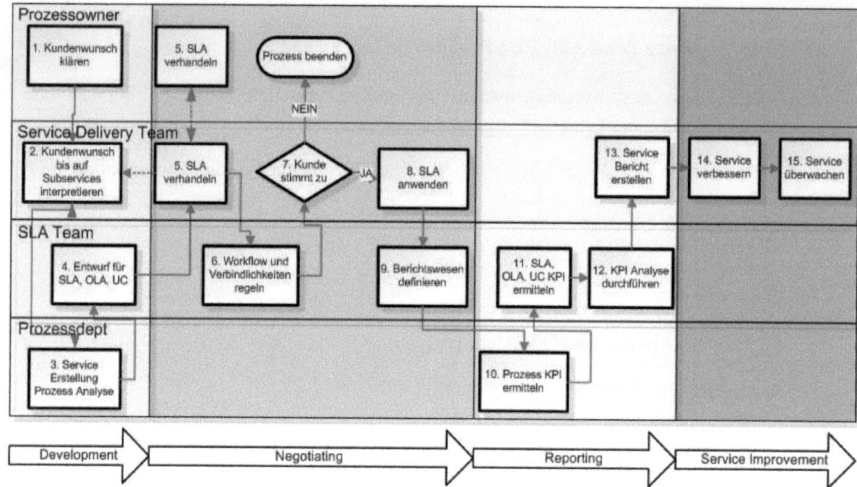

Abbildung 91: SLM Rollen, Aktivitäten, Phasen

1.6.2 SLM Prozesseinführung

Die Einführung des SLM Prozesses in der Praxis erfolgt wiederum als ein komplexer Prozess. Dieser Prozess kennt drei Phasen: int. Analyse, ext. Analyse und Service Setup. Im Folgenden werden die einzelnen Phasen von diesem Prozess näher erklärt. [24]

- Analyse interner Beziehungen. Aufgabe: Erstellung eines SLM Konzepts, Ist-Prozess Analyse, Ist-Funktion Analyse, Dokumentation aller lieferbaren int. Services.

- Analyse externer Beziehungen. Aufgabe: Analyse des Bedarfes und Anforderungen an die ext. Services, Ermittlung und Analyse der Voraussetzungen und Schnittstellen zu allen benötigten ext. Funktionen.

- IT Service Setup. Aufgabe: Definition der Service Levels sowie Soll-Prozesse, Identifikation der Kostentreiber und Definition der Preismodelle, Implementierung der Service Levels.

Dieser Zusammenhang wird in der nächsten Abbildung dargestellt.

---

[24] PWC2005

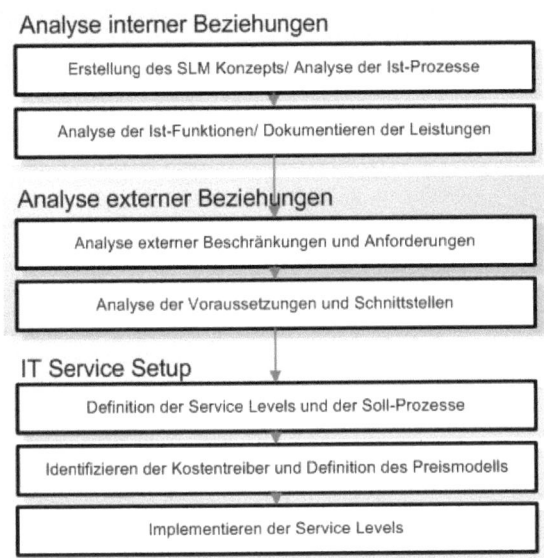

Abbildung 10: SLM Prozesseinführung[25]

1.6.3 Messung und Steuerung

Es gilt grundsätzlich: Nur messbare Objekte sind steuerbar. Wichtig ist es zu berücksichtigen, dass es in dem SLM um zwei verschiedene Messungsarten gehen kann: IT Service Messung und SLM Messung. Im Weiteren werden die beiden Messungsarten erklärt.

IT Service Messung. Jeder gelieferte IT Service muss messbar sein. Es müssen sowohl kundenspezifische Messungen als auch eigene int. bzw. ext. Prozesse der IT Serviceerstellung gemessen werden. Dabei benutzt man zwei Messverfahren[26]:

- Schnittstellenverfahren: Es wird an bestimmten Stellen in dem IT Service Lieferung Prozess gemessen. Die solcherweise ermittelten KPIs beschreiben sämtliche Prozesseigenschaften. Jeder Prozess der IT Service Lieferung muss seine vorhandenen Möglichkeiten für dieses Schnittstellenverfahren spezifizieren.

- Prozessverfahren: Es werden einzelne Prozesse im gelieferten IT Service gemessen. Es sind solche, die z.B. ihre einzelnen Transaktionen von der Erzeugung bis zur Beantwortung verfolgen. Diese Messungen werden serviceabhängig und in Übereinstimmung mit den SLA Anforderungen in jedem IT Service Schema definiert.

Die Soll-Werte für beide Verfahren kommen sowohl aus Kundenanforderungen als auch aus der Analyse des Prozesses der IT Service Erstellung. Diese Werte werden dann als IT Service KPIs bezeichnet und lassen die IT Services vernünftig überwachen und steuern.

---

[25] PWC2005
[26] Kau2005, S. 405 - 413

Die SLM Messung erfolgt etwas abstrakter als die IT Service Messung. Es werden solche SLM Werte ermittelt, die nicht die einzelnen IT Services sondern das ganze SLM messen. In einer ITIL Umgebung wird eine solche Messung an drei messbaren SLM Blöcken durchgeführt: SLM Prozessinput, SLM Prozess, SLM Prozessoutput. Jeder dieser Blöcke hat seinen eigenen Fokus. Der Fokus des SLM Prozessinputs liegt auf gewünschten IT Serviceanforderungen, entsprechenden Berichtsanforderungen, Leistungsmerkmalen und deren Benchmarkwerten sowie Laufzeit einer gewünschten IT Serviceerbringung. So werden diese Parameter in den SLM Prozess übernommen und auf die Schnittstellen- und Prozessverfahren projiziert. Die Einhaltung dieser IT Service Messparameter bei der IT Service Lieferung wird i.d.r. über die SLM Referenzparameter spezifiziert. So kommt man auf die SLM KPIs wie z.b. Anzahl von abgeschlossenen SLAs, OLAs, UCs, Servicekatalog Umfang, Service Kosten usw. Als SLM Steuerungsgrößen treten dabei solche wie z.b. GP Transparenz, Mitarbeiterausbildungsstand, Niveau aller benötigten Services. So wird das SLM über die gelieferten IT Services gemessen und über seine Steuerungsgrößen geregelt.

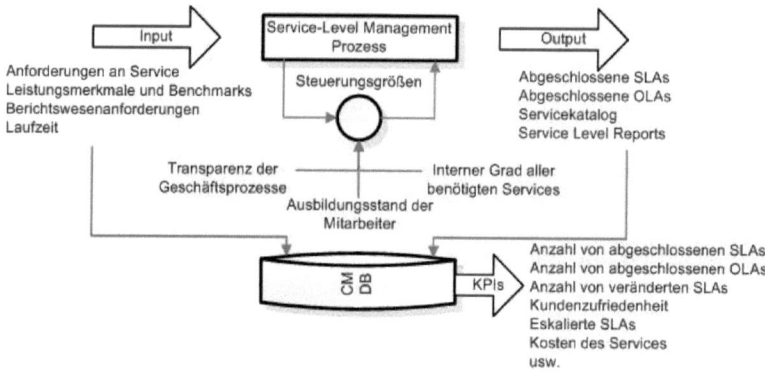

Abbildung 21: SLM Prozessmessung[27]

So spricht man von zwei Ebenen der SLM Steuerung aufgrund der SLM- und IT Service Messung: strategisch und operativ. Die strategische SLM Steuerung erfolgt aufgrund der KPIs aus der SLM Messung und gilt für alle gelieferten und geplanten IT Services. Die operative SLM Steuerung erfolgt aufgrund der KPIs aus der IT Service Messung für jeden gelieferten IT Service. Die Schnittstellen- und Prozessverfahren dienen in der operativen SLM Ebene als Steuerungswerkzeuge.[28]

1.7 SLM Objekte

In jeder Phase des SLM Prozesses werden diverse SLM Objekte erzeugt. Diese Objekte dienen zur Sicherstellung des SLM Prozessablaufs. In der nächsten Abbildung wird die funktionale Zuordnung der SLM Objekte zu den SLM Phasen dargestellt:

- Development: Service Anforderungen, Service Spezifikation, Service Quality Plan

- Negotiating: Service Katalog, SLA, OLA, UC

---

[27] itSMF2004, S. 138
[28] Bra2005

- Reporting: Service Achivement, Service Level Reports

- Service Improvement: Service Optimierungsprogramm

Die nächste Abbildung[29] stellt diese Zusammenhänge dar. Wenn die Kundenanfrage kommt, wird in erster Linie ermittelt, wie ein evtl. zu erstellender IT Service in der Kundenvorstellung aussieht. Diese Wunschvorstellung wird in Form von Service Anforderungen erfasst. Gibt es Service Anforderungen, so kann die IT Service Spezifikation erstellt werden. Aus dieser Spezifikation werden weitere Spezifikationen für die Subservices abgeleitet. Bei der CAM Verwendung werden die Entwürfe dieser Spezifikationen samt einem dazugehörenden Service Qualität Plan in einem Schritt maschinell erzeugt. Der Service Katalog ist eine der grundlegenden Voraussetzungen des serviceorientierten Ansatzes. Er muss von dem SLM Team kontinuierlich gepflegt werden. Die SLAs, OLAs und UCs werden für jeden zu erstellenden IT Service entworfen, verhandelt und verbindlich wahrgenommen. Wird ein IT Service erstellt, so wird es in dem Service Achivement erfasst, ob und inwieweit diese IT Service Lieferung ihre Ziele (SLAs) erreichte. Die Service Level Reports werden zyklisch erstellt und gelten als Produkt der IT Service Überwachung. Nach jedem SLM Prozess Cycle werden die Service Level Reports analysiert. Als Ergebnis dieser Analyse ergibt sich ein Service Optimierungsprogramm.

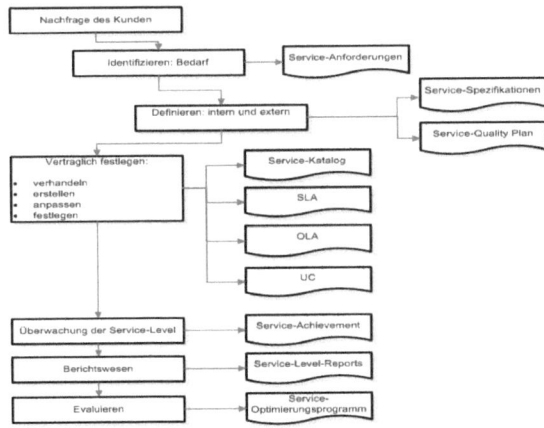

Abbildung 12: SLM Prozess und seine Objekte

Die nächste Tabelle ordnet die SLM Objekte den SLM Rollen, SLM Prozessphasen und dazugehörigen Aktivitäten zu. Dieser Zusammenhang wird als folgende Tupel erfasst: SLM Aktivität, dazugehörende SLM Objekt („:" wird als Trennzeichen verwendet). Die Nummerierung der SLM Aktivitäten entspricht der Nummerierung aus der Abbildung „SLM Rollen, Aktivitäten, Phasen".

	Prozessowner	Service Delivery Team	SLA Team	Prozessdept
Development	1: Service-	2: Service	4: SLA,	3: Service

---

[29] Köh2005, S. 131

	Anforderungen	Spezifikationen	OLA, UC	Quality Plan
Negotiating	5: SLA, OLA, UC	5: SLA, OLA, UC	6: SLA, OLA, UC	
Reporting		13: Service Level Report	12: Service Achivement	
Improvement		14: Service Optimierungsprogramm		

Tabelle 2: SLA Objektzuordnung: Rolle, Phase, Aktivität

Aus der Tabelle wird es ersichtlich, wie SLA, OLA und UC als Produkt mehrerer Abstimmungsaktivitäten zustande kommen. Wichtig dabei ist die Reihenfolge, in der sie erzeugt werden. Nach der Abstimmung der SLAs werden zuerst die internen Möglichkeiten für die Unterstützung der Serviceerstellung überprüft und als OLAs erfasst. Die UCs werden als zusätzliche Vervollständigung der IT Subservices für die IT Service Erstellung abgeleitet. An dieser Stelle lässt sich der SLM Prozess durch das sinnvolle Outsourcing optimieren.

Abbildung 13: Grundregel der SLA, OLA und UC Definition[30]

1.7.1 Service Anforderungen

Als Service Anforderungen werden alle Kundenanforderungen zu einem von ihm gewünschten IT Service bezeichnet.[31]

1.7.2 Service Spezifikation

Jeder IT Service aus dem Service Katalog verfügt über eine fachtechnische Spezifikation. Solche Spezifikation bezeichnet man als Service Spezifikation. Nach diesen Spezifikationen liefern die internen und/ oder externen IT Fachabteilungen ihre (Sub)services.

1.7.3 Service Quality Plan

Für die garantierte Einhaltung von jedem vereinbarten IT Service erstellt man einen Plan, der alle dazu erforderlichen Aufgaben und Aktivitäten erfasst[32]. Es ist ein zentrales Werkzeug, das alle notwendigen Informationen zur Steuerung der IT Organisation sowie die Parameter für

---

[30] itSMF2005, S. 199
[31] IWT2005
[32] IWT2005

die SM Prozesse und das operative Management enthält. Dieser Plan wird für jeden Prozess durch seine Ziele und KPIs bestimmt.[33]

1.7.4 Service Katalog

Der Service Katalog erfasst alle verfügbaren IT Services sowohl interner als auch externer IT Provider. Diese Servicebeschreibung vermeidet i.d.R. die zu technische Sprache, weil sie möglichst allgemein verständlich (vor allem für Kunden) sein muss[34]. Jeder IT Service verfügt hier über eine oder mehrere Providerzuordnungen. Die Menge aller lieferbaren IT Services aus dem Service Katalog wird als Operating Level Katalog[35] bezeichnet. Grundsätzlich werden die Service Levels für jeden verfügbaren IT Service in dem Operating Level Katalog definiert. Die IT Services in dem Operating Level Katalog werden mehrstufig beschrieben. Abhängig von jedem konkreten IT Service kann es bis fünf Strukturebenen einer IT Service Beschreibung geben. Es sind folgende:

1. GP Ebene beschreibt jeden GP, den der betroffene IT Service unterstützt

2. Applikationsebene beschreibt alle Applikationen eines betroffenen IT Service

3. Middleware Ebene beschreibt die evtl. benötigte Middleware des IT Services

4. Hosting Ebene enthält die erforderliche IT Service Hosting Spezifikation

5. Netzwerk Ebene enthält die erforderlichen IT Service Netzwerkanforderungen

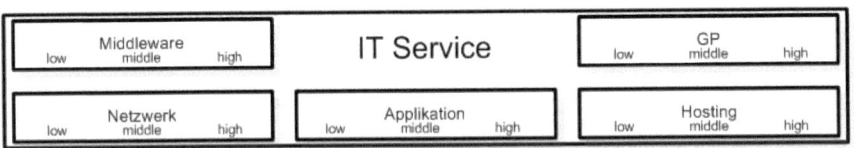

Abbildung 14: Operating Level Katalog

Es wird durch mehrere Service Level Einstellungen von den einzelnen IT Service Schichten bestimmt, welchen Service Level ein IT Service hat. So kann die IT Servicekonfiguration für eine erforderliche Einstellung des Service Levels sehr flexibel werden. Über die Konfiguration einzelner IT Subservices kann ein optimaler Umfang der IT Servicequalität erreicht werden, welcher in dem SLA vereinbart wird.

1.7.5 SLA, OLA, UC

Als SLA, OLA und UC werden vertraglich geregelte Beziehungen zwischen verschiedenen Parteien in dem IT Service Geschäft bezeichnet. Dabei ist es prinzipiell egal, ob man von den Dokumenten oder Beziehungen spricht, weil sie einander widerspiegeln. Die SLA, OLA und UC werden zwischen IT Dienstleistern und IT Kunden vereinbart. Unterschiede entstehen lediglich durch die Positionierung der IT Partner in der Erstellungskette von IT Services. Dies bestimmt grundsätzlich, um welchen Typ der Beziehungen oder SLM Verträge es dabei handelt[36]:

---

[33] Köh2005, S. 129
[34] Köh2005, S. 136 - 137
[35] DeZ2003, S. 8
[36] itSMF2004, S. 125 - 130

- SLA: IT-to-Customer (Vereinbarung mit einem Kunden)

- OLA: IT-to-IT (Vereinbarung mit einer internen IT Abteilung)

- UC: IT-to-Vendor (Vereinbarung mit einem externen IT Dienstleister)

Vertraglichkeit dieser Beziehungen gewährleistet, dass die gewünschten IT Services mit den gelieferten IT Services im Rahmen schriftlicher Übereinkünfte verbindlich und nachweisbar verglichen werden können. Gibt es eine vertragliche Vereinbarung, so weiß der IT Kunde ganz genau, in welcher Qualität und in welchem Umfang er die Produkte kauft. Dabei wird es ihm auch klar, mit welchem Aufwand sein IT Service zustande kommt. IT Dienstleister weiß auch, welche Produktqualität er liefern muss und kann seinen Serviceaufwand wirtschaftlich planen. Decken die vertraglichen Beziehungen alle einstellbaren Produktaspekte ab, so sind Missverständnisse ausgeschlossen, was zu sicheren geschäftlichen Partnerbeziehungen führen kann. Allgemein wird es empfohlen in den SLA, OLA und UC Vereinbarungen folgende zentrale Fragen zu stellen[37]:

- Welche Dienstleistungen und in welcher Form sollen erbracht werden?

- Stimmen die angebotenen IT Services mit dem Wunschbild überein?

- Welche Verbesserungspotenziale gibt es in vorhandenen Partnerbeziehungen?

- Wie sollen die IT Services gemessen werden?

- Welche Kriterien werden zur Qualitätsbeurteilung herangezogen?

- Was ist die Best Practice für die betroffenen IT Services in der IT Branche?

- Wie beeinflussen die gelieferten IT Services die Kosten in der IT Kundeninfrastruktur?

- Stimmt das Preis-Leistungsverhältnis?

In Bezug auf den SLM Prozess lassen sich die SLM Verträge folgendermaßen darstellen.

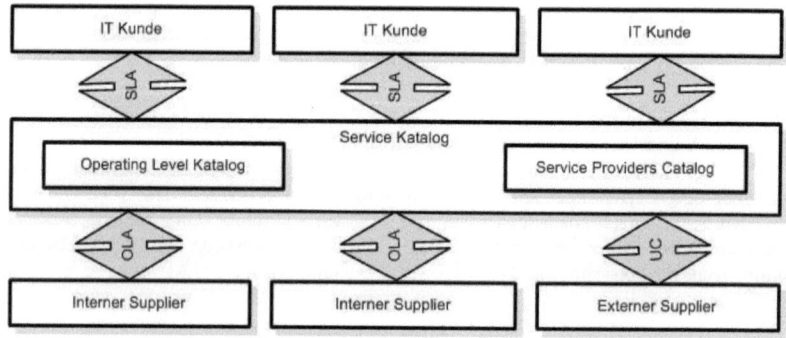

Abbildung 35: Vertragliche Beziehungen in dem SLM Prozess

---

[37] PWC2002

Unter den vertraglichen SLM Aspekten findet man in der Regel folgende: kaufmännische Aspekte, technische Aspekte, juristische Aspekte, mitarbeiter- und kundenbezogene Aspekte. Allgemein werden folgende SLA, OLA und UC Bestandteile als Ergebnis der Verhandlungen empfohlen[38]:

- Einfache Beschreibung der IT Services anhand ihrer Merkmale (Kurzbeschreibungen)

- Service Level Kennzahlen (Definition, Messmethoden, Häufigkeit der Messung)

- Service Zeiten

- Verfügbarkeit, Sicherheit und Kontinuität

- Kunden- und Providerpflichten

- Sanktionen und Eskalationswege bei der Nicht-Einhaltung

- Kritische Geschäftszeiten und Ausnahmen (z.B. Feiertage)

Ein richtig funktionierender und ausreichend gepflegter Service Katalog kann eine automatisierte Erstellung/ Ableitung von den SLM Vertragsentwürfen wesentlich unterstützen. Wird ein SLA Entwurf erstellt, so kann man gleich die entsprechenden OLA und UC Entwürfe definieren.

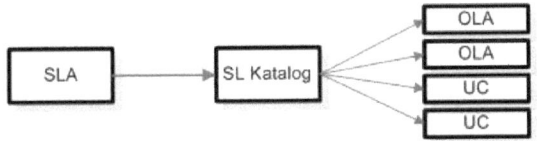

Abbildung 16: Automatismus bei der SLM Vertragserstellung

Alle involvierten Services müssen dabei in das Schema eines bestellten Services über die vordefinierten Schnittstellen übernommen werden. Somit wird von Anfang an klar, an welchen Schnittstellen und in welchen Serviceprozessschritten jeder betroffene IT Service bereitgestellt werden muss. Außerdem entsteht eine Übersicht über die Messmöglichkeiten. Es bildet sich eine hervorragende Verhandlungsgrundlage in allen Fragen des Preis-Leistungs-Verhältnisses.

1.7.6 Service Reports

Dem IT Kunden und der IT Organisation werden regelmäßig Berichte über die realisierten Service Levels vorgelegt. Nach diesen Berichten wird der Erfüllungsgrad von vereinbarten Service Levels überwacht. Hierdurch erfahren die IT- und Kundenorganisation, ob die SLAs eingehalten wurden.[39] Für die IT Organisation sind es auch statische Standardberichte zum Monitoring des Ressourcenverbrauchs, Leistungsverrechnung, Ausnahmesituationen, flexible Ad-Hoc Analysen zur Beantwortung von besonderen Fragestellungen, Prognose- und Simulationsverfahren zur Unterstützung des Planungsprozesses usw.[40]

---

[38] HolFra2005
[39] Köh2005, S. 131 -132
[40] ORA2005

1.7.7 Service Achivement

Die in einem SLA definierten Service Levels werden kontinuierlich überwacht. Die tatsächlich realisierten Service Levels werden in einem Service Achivement dokumentiert. I.d.R. werden hier die Yield Prozessmetriken benutzt.[41]

1.7.8 Service Optimierungsprogramm

In der Regel läuft ein Service Optimierungsprogramm für jeden gelieferten IT Service in Form von einem Projekt. Solche Projekte lassen sich sehr effizient nach der Projektmanagementmethode PRINCE2 umsetzten. Es werden dabei alle Aktionen, Phasen und Meilensteine zur Verbesserung eines IT Services in einer ITIL Umgebung an die jeweiligen IT Service Gegebenheiten angepasst.

1.8 SLM Einbettung unter der ITIL

Das SLM wird als zentrale Funktion des SM[42] bzw. Königsdisziplin des IT Betriebes[43] angesehen. Es ist erheblich auf die Unterstützung durch die anderen Funktionen des SMs angewiesen. Über das SLM erfolgt die Kundenkommunikation, die aus den Gründen der Serviceorientierung des IT SMs ihre wichtigste Existenzvoraussetzung bildet. Will man sich das SLM unter der ITIL vorstellen, so ist es ohne eine komplexe Einbettung in die weiteren IT SM Funktionen unmöglich. Über das SLM läuft die IT Servicevereinbarung mit IT Kunden. Dann organisiert das SLM eine kundenanforderungskonforme IT Servicelieferung. Alle Serviceeinstellungen werden über das Change und Configuration Management veranlasst. Als Grenzwerte für seine Serviceeinstellungen nimmt das SLM die Kundenanforderungen samt einem vorgeschlagenen Servicebudget und sagt, welche Verfügbarkeit eines betroffenen Services gewünscht wird. Dabei muss das SLM die Funktionen der Service Planung auf die operationellen Prozesse abstimmen. An dieser Stelle erfolgt eine komplexe integrierte Wirtschaftsplanung, welche die Lieferung eines gewünschten IT Services bezüglich Befriedigung seines Kapazitätsbedarfs betrachtet. Die nächste Abbildung stellt diesen Zusammenhang dar. Die ITIL Bücher sind mit Kreuzchen markiert, den Rest bilden die SM Funktionen außerhalb der ITIL Basis.

---

[41] Köh2005, S. 132
[42] Man2005, S. 131
[43] WoySch2005, S. 398

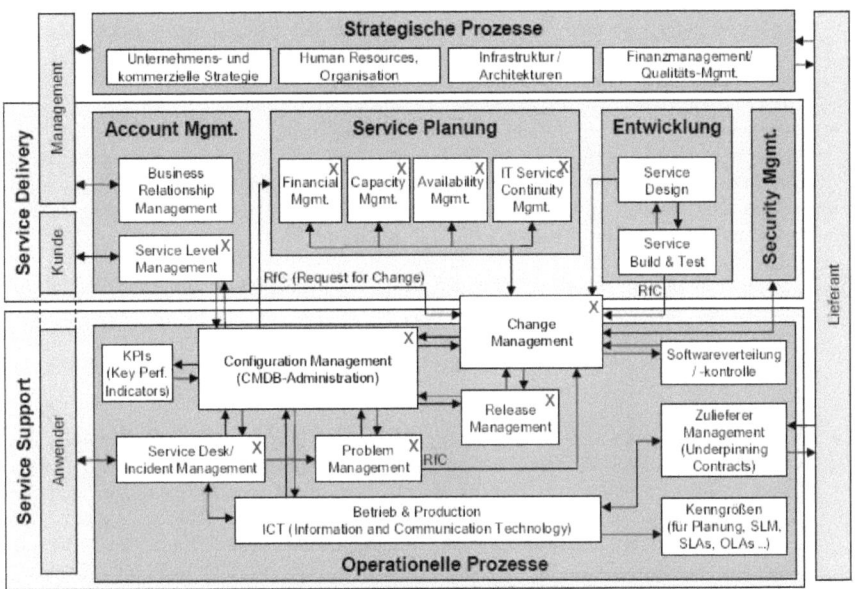

Abbildung 47: SLM Einbettung[44]

Unter den ITIL Modulen ist die SLM Einbettung exakt präzisierbar. Der Informationsbedarf aus den SLM Verträgen kann man über die SLM Schnittstellenbeziehungen zu den weiteren ITIL Modulen zur Beschreibung der operationellen Prozesse und Service Planung feststellen. Für die Praxis muss dieser Informationsbedarf lokalisiert und als SLM Systemintegration niedergeschrieben werden. Im Grunde genommen verfügt das SLM über die Verbindungen zu allen Modulen der ITIL Basis samt der ITIL Funktion Service Desk. Diese Verbindungen sind nicht immer direkt und gehen manchmal über mehrere ITIL Module hinweg. Aus diesem Grund muss man in dem SLM mehrere ITIL Module und ihre Wechselwirkungen mit dem SLM berücksichtigen. Aus diesem Grund ist es wichtig zu wissen, wie diese Zusammenhänge auf der Datenflussebene den SLM Informationsbedarf abdecken.

1.8.1 SLM Beziehungen

Die SLM Beziehungen erstrecken sich über mehrere ITIL Module und die Service Desk Funktion. Der folgende kurze Überblick erläutert diese Beziehungen[45].

- Beziehungen zu der Service Desk Funktion. Als SPOC für alle Anwender sorgt diese Funktion für die Kanalisierung aller Anwenderanfragen. Anfragen und Beschwerden werden aufgenommen und in Form von Statistikberichten dem SLM zur Verfügung gestellt. Diese Informationen sollte jeder SLM Verwalter beim Verhandeln und Formulieren der Service Anforderungen seiner Kunden berücksichtigen.

---

[44] Sag2005, S. 16
[45] Köh2005, S. 132 - 134

- Beziehungen zu dem Incident Management. Es wird bei Störungen für eine schnelle Wiederherstellung der IT Services gesorgt. Es hat direkte Auswirkungen auf die Verfügbarkeit in verschiedenen Service Levels. Für das SLM sind die Informationen, wann welche Services wie häufig ausgefallen sind, wichtig, um die Qualität des betroffenen Services zielgerecht im Rahmen des Service Quality Plans zu verbessern.

- Beziehungen zu dem Configuration Management. Jeder SLA wird als Konfigurationselement in der CMDB erfasst. Durch die Beziehungen in der CMDB können die relevanten SLAs zu einem anderen Konfigurationselement schnell festgestellt werden. Das Configuration Management sorgt so für einen schnellen Informationsfluss und somit indirekt für die Beachtung und Einhaltung der SLAs.

- Beziehungen zu dem Availability Management. Das Availability Management ist für die Realisierung und Optimierung der Verfügbarkeit der IT Services zuständig. Die Verfügbarkeit ist einer der am häufigsten verwendeten Service Levels. Das Availability Management hilft, diesen Service Level einzuhalten, ihn für geplante Services zu berechnen und bei realisierten Services zu quantifizieren.

- Beziehungen zu dem Capacity Management. Es beschäftigt sich mit dem Management der Kapazität aller für die IT Services benötigten IT Infrastrukturkomponenten. Zu diesem Zweck wird ein Capacity Plan gepflegt, der alle Informationen zur gültigen Zusammensetzung der Infrastruktur sowie Planungen für die Zukunft enthält. Das Capacity Management liefert die SLM Informationen, welche Kapazitäten für die Erstellung welcher Services verwendet werden. Das SLM liefert dem Capacity Management Informationen über die aktuellen und künftigen Services. Diese Informationen sind für eine genaue Kapazitätsplanung unerlässlich.

- Beziehungen zu dem Change Management. In jedem SLA kann festgehalten werden, welche Änderungen die Kundenorganisation einreichen kann und welche Vereinbarungen bezüglich der Änderungen eingehalten werden sollen (wo werden Änderungen eingereicht, Zeitbedarf, Kosten, Workflowinformationen). Zudem können solche Änderungen ihre weiteren Folgen für die vereinbarten SLAs haben. Die erforderlichen Änderungen eines Services und eines dazugehörigen SLAs werden von dem Change Management erfasst. Da jeder SLA ein Konfigurationselement ist, gilt es grundsätzlich jede Änderung eines SLAs unter Kontrolle des Change Managements zu stellen.

- Beziehungen zu dem Continuity Management. Aufgabe des Continuity Managements ist die schnelle Wiederherstellung eines IT Services nach evtl. Notfällen sowie die Vorbereitung und Überwachung aller vorbeugenden Maßnahmen und Verfahren. Alle diesbezüglichen Kundenvereinbarungen werden neben den gewünschten Maßnahmen und damit verbundenen Kosten in SLAs festgehalten. Insbesondere bei der Verhandlung von den UCs müssen die Kontinuitätspläne der eigenen IT Organisation sowie externen Dienstleisters aufeinander abgestimmt werden.

- Beziehungen zu dem Security Management. Sicherheitsaspekte wie Vertraulichkeit und Datenintegrität sind für jede IT Service Beschreibung wichtig. Daher werden sie in den SLAs niedergeschrieben. Das Security Management übernimmt die Realisierung und Überwachung der Sicherheitsvereinbarungen und lässt dem SLM diesbezüglich Berichte zukommen.

- Beziehungen zu dem Financial Management. Das Financial Management stellt dem SLM im Rahmen der Kostenrechnung Informationen über die Kosten der Service Lieferung zur

Verfügung. So werden die Soll- Ist- und Plan-Kosten berechnet. Diese Information ist bei jeder SLA Verhandlung und jeder IT Service Lieferung sehr wichtig.

1.8.2   SLM Kommunikation in einer ITIL Umgebung

Die ganze Datenkommunikation zwischen dem SLM, der Service Desk Funktion und weiteren ITIL Modulen erfolgt nicht direkt zwischen diesen Objekten sondern läuft zentralisiert über die CMDB. So konfiguriert das SLM die gewünschten Services über die CMDB und kann jederzeit eine beliebige Servicesimulation durchführen. Solche Simulationen können im Weiteren als transformierbare SLA Verhandlungsgrundlagen benutzt werden. Entspricht eine Servicesimulation allen Kundenanforderungen nach seiner Service Spezifikation, so gilt eine dazugehörige SLA Simulation zuerst als ein SLA Entwurf. Aus dem entsprechenden Service Katalog leitet man dann die SLM Verträge wie OLA und UC ab. Grundlegende Voraussetzung für diesen Ablauf ist eine ausreichend konfigurierte und gepflegte CMDB. Aus diesem Grund ist es wichtig, wie das SLM auf der ITIL Basis über die CMDB mit seiner ITIL Umgebung kommuniziert.

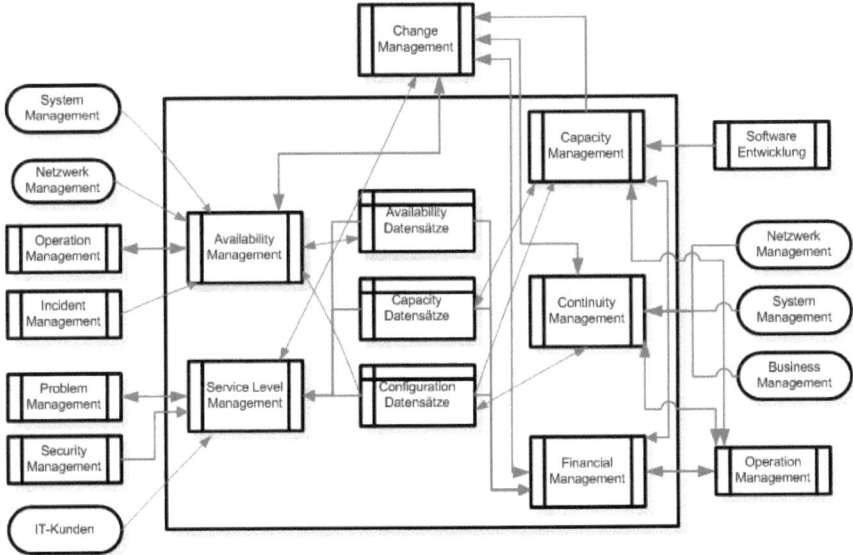

Abbildung 5: SLM Datenflüsse

Als Verhandlungs- und Servicekonfigurationsbasis stehen dem SLM über den Service Katalog sämtliche Datensätze des Service Delivery Bereiches zur Verfügung. Aufgrund von diesen Datensätzen kann man jeden Service aus den Sichten seiner Verfügbarkeit, SW und HW Architektur und Kapazitätsinanspruchnahme frei innerhalb vorgegebenen Grenzwerten halten. Für jede Servicesimulation werden die Change Management Datensätze angesprochen. Somit wird die ATP Prüfung angestoßen und alle Wechselwirkungen für die Service Lieferung nach den gestellten Anforderungen ermittelt. Solche ATP Prüfung ist bei den SLA Verhandlungen sehr hilfreich. Außer der ATP Prüfung ist auch das Einschalten einer BSC möglich, um die angestrebten SLAs präziser auf die Unternehmensstrategie abstimmen zu können. Ist das Service Support Bereich schon als System implementiert, so kann das SLM bei seinen Kundenverhandlungen auch mit aussagekräftigen Berichten des Problem Managements unterstützt werden. Führen die Serviceverhandlungen zu einem Serviceauftragabschluss, so werden von dem SLM die SLAs als abgeschlossen über das Change Management an die CMDB zurückgemeldet. Diese Information schlägt über die Capacity-, Configuration- und Availability Datensätze durch und aktualisiert deren Systemstatus.

Die nächste Tabelle zeigt, welche Informationen der SLM Prozess aus dem Service Desk und weiteren ITIL Basis Modulen bezieht. In dieser Tabelle werden diese Informationen in der Spalte SLM Input für die Service Desk Funktion und andere mit dem SLM direkt zusammenhängende ITIL Module erfasst. Die Spalte SLM Output enthält die Informationen, mit denen das SLM seine ITIL Umgebung versorgt.

ITIL Objekte	SLM Input	SLM Output
Service Desk (zusammen mit dem Problem Management)	Bericht: Anfragen und Beschwerden für jeden IT Service Ziel: Formulierung der SLR	SL Support Anforderungen, Service Quality Plan
Incident Management (zusammen mit dem Problem Management)	Berichte: 1) Nicht zum standardmäßigen Betrieb gehörende tatsächliche oder potenzielle Unterbrechung oder Minderung der Servicequalität 2) Incident Records: Dokumentierte Supportanforderungen 3) behobene und unbehobene Störungen gegenüber Benutzer 4) Bekannte Fehler 5) Capacity und Availability Events Ziel: Service Quality Plan Erstellung bzw. Verbesserung	SL Support Anforderungen, Service Quality Plan
Configuration Management	SLA Konfiguration Ziel: SLA Entwurf als Verhandlungsgrundlage	Service Katalog
Capacity Management	Kapazitätsanforderungen für die Erstellung eines Services Ziel: Kapazitätsplanung	Ressourcenabschätzung für die bekannten Services (aktuell und künftig)
Change Management	Aussage über die Möglichkeit der Servicelieferung Ziel: ATP Prüfung	SLA vereinbarte Service Änderungsmöglichkeiten
Continuity Management	Gewünschte Notfallmaßnahmen Ziel: Ausreichende Absicherung der Erbringung eines betroffenen Services	Notfallplan
Security Management	Beschreibung der Sicherheitsaspekte für jeden Service, Berichte über die Einhaltung der Sicherheitsvereinbarungen Ziel: Vertraulichkeit und Datenintegrität eines betroffenen Services als Verhandlungsgrundlage	SLA Anforderungen
Financial Management	Servicekostenprofile, Servicepreislisten, Servicekostenberichte	Informationen aus den SLM Vereinbarungen:

	Ziel: Entscheidungsgrundlage für die Serviceerbringung	SLA, OLA, UC
Availability Management	Verfügbarkeitsdefinitionen Ziel: Verhandlungsgrundlage	SLA vereinbarte Verfügbarkeitsanforderun gen

Tabelle 3: SLM Prozess Inputs und Outputs in einer ITIL Umgebung

Betrachtet man diese Tabelle, so wird es klar, wie die SLA, OLA und UC in einer ITIL Umgebung realisiert werden. Folgende Zusammenhänge der ITIL Basis mit dem SLM sind dabei zu berücksichtigen:

- Service Problemberichte. Geliefert von dem Problem-, Incident Management und Service Desk

- Kostenberichte. Geliefert von dem Finance Management.

- Service Quality Plan. Erstellung erfolgt innerhalb des SLMs.

- Service Katalog und Operating Level Katalog. Erstellung erfolgt innerhalb des SLMs.

- Service Notfallplan. Erstellung erfolgt innerhalb des SLMs.

- Ressourcenbericht (Kapazität, Verfügbarkeit). Geliefert von den Capacity- und Availability Management.

- Sicherheitsberichte. Geliefert von dem Security Management.

Fehlt mindestens einer dieser SLA Grundlagen, so entsteht ein Risiko, dass das SLM wesentlich an seiner Effizienz verliert. Das Eintreten von negativen Effekten wie z.B. Service Loss Chain wäre dabei denkbar.

Quellenverzeichnis (inklusive weiterführender Literatur)

Ang2005   Angelico, P., A Professional Seminar by Don Page, the God Father of ITIL, PART1&2, Hong Kong, 29. August 2005

Bas2001   Baschin, A., Die Balanced Scorecard für ihren Information Technologie Bereich, Campus Verlag, Frankfurt, 2001

Ber2005   Berger, T., Konzeption und Management von Service-Level-Agreements für IT-Dienstleistungen, TU Darmstadt, Fachbereich Rechts- und Wirtschaftswissenschaften, 2005

BerManLewSch2003   Bernhard, M., G., Mann, H., Lewandowski, W., Schrey, J., Paxishandbuch Servise-Level-Management, Symposion Publishing, Düsseldorf, 2003

BosCha2004   Bossidy, L., Charan, R., Confronting Reality: Doing What Matters to Get Things Right, Crown Business, Chicago, 2004

Bra2005   Brandt, D., Prozessorientiertes IT-Controlling mit integriertem Reporting/ Oracle Deutschland GmbH, Stuttgart, 11. November 2005, S. 1 - 5

Bro2004   Brosius, G., Data Warehouse und OLAP, Galileo Computing, Bonn, 2004

BroNis2003   Bothe, M., Nissen, V., SAP APO in der Praxis, Vieweg, Wiesbaden, 2003

Buh2003   Bühler, H., Richtiger Umgang mit Service Level Agreements, www.soberano.ch, abgerufen am 28.12.2005

Büh2005   Hansjörg Bühler, Richtiger Umgang mit Service Level Agreements

DeZ2003   De Zitter, P., Introduction to the Service Level Management, . Abgerufen am 29.12.2005.

Drä2001   Dräger, E., Projektmanagement mit SAP R/3: Konzeption und praktischer Einsatz des R/3-Moduls PS, Addison-Wesley, München, 2001

Edl2005   Edlich, S., Persistenz ade. Javamagazin Internet & Enterprise

Technology, Ausgabe 10.05, 2005

Els2005   Elsässer, W., ITIL einführen und umsetzen. Leitfaden für effizientes
                 IT Managemen durch Prozessorientierung, Carl Hanser Verlag,
                 München Wien, 2005

eTTM2005   Projekt: eTTM (Enabled Time To Market), Automotive
                 Electronics/P-j eTTM , UBK RM 1.9, Robert Bosch GmbH,
                 Reutlingen 2005

Fel2005   Fell, T., SLA Service Level Agreement. Checkliste Inhalt SLA an
                 alles gedacht?, www.recht-freundlich.de, abgerufen am 30.12.2005

GoeRüd2004   Goebbels, S., Rüdiger, J., Geschäftsprozess-FMEA, Symposion
                 Publishing, Düsseldorf, 2004

GroWei2003   Groff, J.R., Weinberg, P.N., SQL The Complete Reference, Third
                 Edition, McGrawHill, Boston, 2003

HofSch2005   Hofmann P., Schmitt B., IT Service Management - Der Kunde wird
                 König, http://www.connector.de, abgerufen am 5. Dezember 2005
HolFra2005   Holger, G., Frank, V., ITIL - optimierte Organisation von IT-
                 Prozessen, 20. April 2005, S. 1 - 34

Info05   http://www.informit.com/articles/article.asp?p=169102 The CMMI
                 Concept. Abgerufen am 10.01.2005

itSMF2004   itSMF, IT Service Management Eine Einführung basierend auf ITIL,
                 itSMF, 2004

IWT2005   Online ITIL Glossar, ITIL works taxonomy, www. , abgeufen am
                 29.12.2006

Kae2004   Kaeding, N., Rechtliche Gestaltung von Service Level Agreements,
                 Graefe Rechtsanwälte, http://graefe-rechtsanwaelte.de/docs/sla-
                 info/itsmf.pdf, abgerufen am 10.01.2006

Kim2005   Kim, S., Potentiale erkennen und ausschöpfen, SAP Magazin
                 Sonderausdruck aus SAP Info 130, September 2005, S. 1 - 4

Kir2005   Kirschmann, D., Wertorientierte Steuerung und Neuausrichtung der
                 Kosten- und Leistungsrechnung, Kommunikationsworkshop WOS
                 NKLR CRIPS, Robert Bosch GmbH, Ditzingen, 2005

KneHäuBau2002   Kneer, H., Häuschen, H., Bauknecht, K., Tradable Service Level
                 Agreements to manage network resources for streaming internet
                 services, abstract, Department of Information Technology, University
                 of Zurich, 2002

KneMar2002   Kneer, H., Marfurt, R., A contracting protocol for managing quality
                 of service in a multiple provider environment,
                 http://whitepapers.zdnet.co.uk/0,39025945,60095612p-
                 39000468q,00.htm, abgerufen am 20.02.2006

Köh2005	Köhler, P., ITIL Das IT-Service Management Framework, Springer Verlag, Berlin Heidelberg, 2005
Köh2006	Köhler, P., PRINCE2 Das Projektmanagement-Framework, Springer Verlag, Berlin Hedelberg, 2006
Küf2004	Küffer, I.C., Projektplanung und Anforderungserstellung in einem V-Modell-Projekt, Diplomarbeit an der TU TU München / TU Kaiserslautern, Fachrichtung Wirtschaftsinformatik, München/ Kaiserslautern 2004
Mac2002	Macmillan, A., Best Practices, How Major Service Contracts can go wrong, www.ogc.gov.uk, abgerufen am 15.01.2006
Mer2002	Mertens, P., Integrierte Informationsverarbeitung 2 Planungs- und Kontrollsysteme in der Industrie, Gabler, Wiesbaden 2002
Mid2005	Midderhof, R., Die neue Version des V-Modells als Entwicklungsstandard für IT-Systeme der Bundesbehörden, Bonn, 2005
Pas2004	Paschke, A., Regelbasiertes SLA Management. Ein regelbasierter Ansatz zum automatisierten IT Dienstleistungsmanagement, Technischer Report 06/ 2004, TU München, Juli 2005
PasSch2005	Paschke, A., Schnappinger-Gerull, E., A Categorization Scheme for SLA Metrics, Technical Report 9/2005, Technische Universität München, http://ibis.in.tum.de/staff/paschke/rbsla.index.htm, abgerufen am 10.01.2006
Per2005	Perseo Consult, IT Service Management Pocket Cards Best Practices nach ITIL, Perseo, 2005
PWC2002	PriceWaterhouseCoopers, Service Level Agreements, Stuttgart, 15. Oktober 2002, S. 1 - 2
Sch2005	Schmidt, R., IT Service Management, Aalen, 9. August 2005, S. 3
Ser2004	Sert, Y., Potentiale der Multiprojektkoordination im Project System von SAP R/3. Diplomarbeit an der FH-Furtwangen, Fachrichtung Wirtschaftsinformatik, Furtwangen 2004
Spa2005	Spada, M., Optimierung Ihrer ICT dank ITIL/ ICT Referenzprozessmodell basierend auf ITIL, http://www.pulinco.com, abgerufen am 10.01.2006
Sta2002	Stamatis, D. H., Six Sigma & Beyond Foundations of Excellent Performance, SPECIAL ORDER, New York, 2002
Stei2005	Steiner, M., SAP Projekt System Projektmanagement Reporting/ SAP AG for Automotive, Workshop IBU Automotive, 7. September 2005, Feuerbach
Tyur2005	Tyurin, N., Anforderungsanalyse und ETL Prozessrealisierung VFIS-SAP PS innerhalb der Umbrella eEnabeling Plattform, Robert Bosch

GmbH, Schwieberdingen Ditzingen, 2005

Ull2005   Ullenboom, C., Java ist auch eine Insel, Galileo Press, Bonn, 2005

Zar2005   Zarnekow, R., Service-orientiertes IT Management, Springer Verlag, Berlin Heidelberg, 2005